Lavoratorieimprese.com è un blog da me curato e che mi piace pensare come spazio condiviso per l'impresa e i suoi collaboratori. Dal 2015 **Lavoratorieimprese** è anche una collana di piccoli e agili volumi tematici sul diritto del lavoro, disponibili su Amazon in forma cartacea ed ebook.

Le monografie di **Lavoratorieimprese** si affiancano alle mie pubblicazioni presso l'editore Iemme Edizioni – www.iemmedizioni.it – rivolte ad un pubblico più vasto e disponibili in tutte le librerie Feltrinelli ed Esselibri-Simone.

Potete seguire gli aggiornamenti sul mio blog o scrivendomi direttamente all'email
info@studiocolantonio.com

Cordialmente

Roberto Colantonio

SOMMARIO

1 L'IMPRESA SOTTO ASSEDIO

Dall'imprenditore all'impresa.

Immaginate di poter visualizzare intorno all'impresa una bolla, rappresentata dal suo patrimonio immateriale, non meno importante, da un punto di vista economico e oltre, rispetto ai macchinari e ai capannoni. Ecco che l'azienda, intesa come il complesso dei beni organizzati dall'imprenditore per l'esercizio di attività di impresa si sposta dalle res quae sunt alle cose intangibili. La definizione codicistica appena richiamata mostra evidenti segni di invecchiamento: al centro dell'azienda non c'è più – o c'è sempre meno – l'ideatore, la "testa" ma la stessa impresa, che il codice civile ha *snobbato* di definire autonomamente rispetto alla figura dell'imprenditore.

E, nell'impresa, nuova protagonista della scena, come detto, assumono maggior spessore proprio le "cose che non si possono toccare" o, come venivano indicate con grande intuito da Cicerone, le res quae intelliguntur. Le cose che si fanno capire, comprendere.

La cd. proprietà intellettuale di impresa, come i marchi e i brevetti, ed anche quei segreti industriali che hanno trovato tutela sotto l'aspetto della riservatezza, andando a comporre il cd. know how aziendale. Quel saper fare che un'impresa ha acquisto, di più: imparato, appreso "sul campo", in corso d'opera. Un'esperienza pratica, acquista con un costo di tempo e denaro, che non può essere tutelata con l'esclusività tipica di un marchio o di un brevetto, ma che neppure è giusto divulgare liberamente ai concorrenti.

Aiutati che il giudice ti aiuta, verrebbe da dire parafrasando un famoso detto[1].

Il know how ha senso, ancor prima essere tutelato, se è la stessa impresa, sua proprietaria, a ritenere che valga la pena tenerlo riservato. Per proteggere il know how un'azienda si circonda di diversi cerchi protettivi. Il pericolo delle quinte colonne è sempre il più minaccioso, forse perché quello meno gestibile, meno controllabile, senza il rischio di ingolfare la macchina produttiva e di

---

[1] Alcune aziende arrivano persino a ricorrere a veri e propri servizi di controspionaggio. In ogni caso, un'impresa che non approntasse difese e precauzioni, spesso neppure troppo complicate, è quantomeno sprovveduta.

demotivare gli stessi collaboratori di impresa.

L'azienda vulnerabile.
La legislazione del lavoro, su questo aspetto, non aiuta. La tradizionale impostazione basato sulla tutela del contraente debole, individuato nel lavoratore, non tiene conto che, sul piano del know how, è l'impresa il soggetto, se non più debole, quantomeno il più vulnerabile, il più esposto.
Perché un'azienda ha molto da perdere.
I collaboratori migliori possono rivoltarsi all'improvviso[2], vestendo i panni dei peggiori nemici, andando a lavorare per la concorrenza, a "parametro zero" per usare una terminologia calcistica, o mettendosi in proprio, sviando la clientela loro affidata. A volte fomentati dagli stessi committenti in un'ottica di gioco al risparmio.
Procedure aziendali acquistate in anni di tentativi e sforzi trasmigrano in un pacchetto bello che confezionato ai diretti *competitors* ad un costo irrisorio.
Siamo ancora sicuri che il collaboratore di impresa sia sempre e comunque il soggetto più debole?
La risposta è negativa man mano che aumenta il grado di competenza del dipendente. Competenza che in molti casi è stata l'azienda a formare.
Nei vecchi film sui pirati, per anticipare la metafora del paragrafo successivo, molti dei quali peraltro prodotti in Italia, nello stesso tempo degli spaghetti western e di vaga ispirazione salgariana, galeoni armati di tutto punto erano facili prede di pochi corsari, spregiudicati e che avevano più da guadagnare che da perdere. Forse per questo i primi perdevano e i secondi no.

Il lago della concorrenza circondando dall'oceano della concorrenza sleale.
Tutte le imprese di un determinato settore di attività economica sono in concorrenza tra loro, effettiva o potenziale. A volte lo sono anche realtà che operano su piani diversi. Come un sushi bar può temere maggiormente una pescheria piuttosto che una trattoria che serva ragù e carbonare, e una parafarmacia vedere un supermarket applicare ai farmaci da banco prezzi tanto convenienti da surclassare il

---

[2] Ma raramente è una decisione impulsiva, al di là delle apparenze e di incidenti "scatenanti".

vantaggio competitivo che aveva sulle farmacie tradizionali.

I vari player possono e, in una certa misura, debbono farsi concorrenza- e guai per i consumatori se non fosse così! -, "senza sconti" e rispondendo colpo su colpo, con l'unico limite della lealtà.

Il legislatore ha individuato infatti dei casi tipizzati di concorrenza sleale, all'art. 2125 c.c.

Questo è l'oceano del libero mercato, nazionale e transazionale, dove la concorrenza è la regola.

Ci sono poi dei porti franchi dove concorrenza non ci deve essere.

Non è pensabile che i collaboratori si mettano a fare guerra, dall'interno, alla "loro" azienda.

Il presupposto su cui si basa ogni forma di collaborazione, subordinata o parasubordinata, è, ancor prima del vincolo gerarchico, il rapporto fiduciario.

Il lavoratore è "uomo di fiducia" dell'imprenditore.

Svolge le mansioni che gli sono richieste, come gli vengono impartite e sotto la direzione e il controllo di quest'ultimo.

Dal momento dell'assunzione a quello di risoluzione, per dimissioni o licenziamento, del rapporto di lavoro – e persino dopo, in certi casi, come ad esempio in pendenza di un causa per reintegra, fatte salve le sue prestazioni lavorative volte a soddisfare esigenze "alimentari" -, il dipendente è tenuto al divieto di concorrenza – di qualsiasi concorrenza – , ex primo comma dell'art. 2105 c.c., e all'obbligo di fedeltà, di cui al secondo comma del medesimo articolo.

Perché i descritti obblighi continuino ad avere una ultrattività dopo la cessazione del rapporto di lavoro occorreranno dei patti di non concorrenza, con un determinato oggetto, per un certo periodo e dietro un previsto compenso. È il campo di applicazione dell'art. 2125 c.c.

La presente monografia tratta del divieto di concorrenza del collaboratore d'impresa ex art. 2105 c.c. primo comma. Ed è corredata una parte normativa essenziale e da una ampia casistica giurisprudenziale aggiornata, di pronunce della Corte di Cassazione e dei Giudici di merito, estesa agli ultimi dieci anni (2005-2015).

Roberto Colantonio

2 IL DIVIETO DI CONCORRENZA

Divieto di fare affari in concorrenza con il proprio datore.

"Il prestatore di lavoro deve essere adibito alle mansioni per le quali è stato assunto ... "[3] e deve svolgerle con "... *la diligenza richiesta dalla natura della prestazione dovuta, dall'interesse dell'impresa (...)*[4]" Mansioni che consistono in lavoro manuale o intellettuale.[5] È la tradizionale distinzione tra operai e impiegati[6].

Il secondo comma dell'art. 2104 c.c. stabilisce poi il principio gerarchico: "*(il lavoratore subordinato) deve inoltre osservare le disposizioni per l'esecuzione e per la disciplina del lavoro impartite dall'imprenditore e dai collaboratori di questo dai quali gerarchicamente dipende.*"

L'azienda, dove il prestatore di lavoro trascorre in media otto ore al giorno e che è una parte importante della sua vita, non è, quindi, e non è previsto che sia un luogo "democratico". Può (e sarebbe consigliabile, nell'interesse della stessa) essere retta da principi meritocratici e non è aliena da manifestazioni solidaristiche, e la sua inevitabile aggregazione tra i vari elementi non impedisce forme codificate di protesta e rivendicazioni, a partire dallo sciopero proclamato. Questo perché un'impresa ha un capo, identificato nella proprietà, una voce, nel suo amministratore e una volontà espressa

---

[3] "*... o a quelle corrispondenti alla categoria superiore che abbia successivamente acquisito ovvero a mansioni equivalenti alle ultime effettivamente svolte, senza alcuna diminuzione della retribuzione. Nel caso di assegnazione a mansioni superiori il prestatore ha diritto al trattamento corrispondente all'attività svolta [36 Cost.], e l'assegnazione stessa diviene definitiva, ove la medesima non abbia avuto luogo per sostituzione di lavoratore assente con diritto alla conservazione del posto, dopo un periodo fissato dai contratti collettivi, e comunque non superiore a tre mesi. Egli non può essere trasferito da una unità produttiva ad un'altra se non per comprovate ragioni tecniche, organizzative e produttive.*
[II]. Ogni patto contrario è nullo.*" Cfr. Art. 2103 c.c.

[4] Cfr. Art. 2104 c.c.

[5] Art. 2094 c.c.: "*È prestatore di lavoro subordinato chi si obbliga mediante retribuzione a collaborare nell'impresa, prestando il proprio lavoro intellettuale o manuale alle dipendenze e sotto la direzione dell'imprenditore.*"

[6] La crescente importanza del valore dei processi produttivi ha fatto sì che non solo gli impiegati, ma anche gli operai – con le loro prestazioni di lavoro "manuale" – possano mettere a rischio di violare i segreti d'impresa. Non è sempre stato così. L'originaria norma, ex art. 8 r.d.l. n. 1825/24, in tema di fedeltà, si riferiva unicamente agli impiegati. Escludendo in nuce che un operaio fosse in grado potenzialmente di far concorrenza al suo "padrone".

dal voto dei soci. E, accanto, il corpus mechanicum, la sua materialità non solo finanziaria e di capitale, nel suo patrimonio umano: i collaboratori, subordinati, parasubordinati o professionisti esterni. Subordinazione porta a gerarchia. Gerarchia a fedeltà.
La fedeltà è la causa, la ragion d'essere e il collante insieme del rapporto di lavoro tra il datore e il prestatore delle sue energie lavorative e il fondamento della corrispettività delle loro reciproche obbligazioni.

La retribuzione è il giusto, equo compenso per la messa a disposizione delle energie lavorative e ha una natura alimentare riconosciuta che la rende intoccabile, per i suoi 4/5, dai creditori del lavoratore, a cui non può essere sottratta, volontariamente (la cd. cessione del quinto dello stipendio) o coattivamente, per più di un 20%, 1/5 del totale, per non vanificare la sua funzione costituzionale di sostentamento del prestatore di lavoro e della sua famiglia.

Ma più si sale nell'inquadramento e nelle mansioni, tanto più al dipendente non è richiesto semplicemente di "fare il suo lavoro come gli viene detto."

Un lavoratore dà tanto all'azienda. E impara anche molto. Ha la chance di vedere come "il giocattolo" funziona dall'interno, più e meglio di uno 007 industriale.

E se non è forse vero che un'azienda è ancora una "grande famiglia" – e probabilmente è giusto che non si ponga più così e che si sia ridotta l'invasione di campo secondo il modello Toyota – paternalismo del datore e ingratitudine/sensibilità del lavoratore restano i due poli di tensione di ogni rapporto di lavoro.

Ecco che la fedeltà si colora di significato. Non è sottomissione, un atto di deferenza che non servirebbe a nulla se non alla vanità di un imprenditore, che dimostrerebbe così di essere un imprenditore sciocco.

È, più propriamente, lealtà e la Giurisprudenza non a caso preferisce definirla così.

L'art. 2105 c.c. al primo comma[7] utilizza un termine che non è facile capire quanto sia stato volutamente generico.

Perché, infatti, si vieta al dipendente di trattare affari, quando questa parola, affari, non la si rinviene in alcun altra parte del codice civile, che pure ha avuto una stesura unitaria e contestuale. Un'impostazione organica che, forse più del suo contenuto, l'ha portato a sopravvivere oltre settant'anni. Più degli anni della Repubblica e certo più dei suoi estensori e del loro regime.

Affari è un termine di uso comune nel settore commerciale. Il primo comma presenta un notevole stacco con il dettato, incisivo e dettagliato, del successivo comma, secondo cui al lavoratore è fatto altresì divieto di : *"divulgare notizie attinenti all'organizzazione e ai metodi di produzione dell'impresa, o farne uso in modo da poterne recare ad essa pregiudizio."*

Un eventuale ruolo di chiusura del sistema, che pure è stato avanzato da autorevole tesi, sembra contraddetto con una scelta ancora più generica adottata nella rubrica dell'articolo 2105 al nostro esame.

L'art. 2105 c.c. è "intitolato": obbligo di fedeltà. Obbligo, al singolare, che va a suddividersi in svariati comportamenti e omissioni, al di là di quelli previsti – e che si potevano ragionevolmente prevedere – in un unico articolo.

I soggetti obbligati: non solo i lavoratori subordinati.

Il divieto di concorrenza in materia di lavoro ha travalicato i limiti del rapporto di lavoro subordinato per allargarsi, in sequenza temporale, al lavoro a domicilio[8], alla somministrazione di lavoro, alle prestazioni di lavoro del collaboratore a soggetto[9] (e, per estensione largamente

---

[7] Art. 2105 c.c. primo comma: *"Il prestatore di lavoro non deve trattare affari, per conto proprio o di terzi, in concorrenza con l'imprenditore, né divulgare notizie attinenti all'organizzazione e ai metodi di produzione dell'impresa, o farne uso in modo da poter recare ad essa pregiudizio."*

[8] Cfr. L. n. 877/73 e succ. mod.

[9] Con la riforma "Biagi"

accettata in Giurisprudenza, ad ampi settori della parasubordinazione.[10])

Ovvero a quei ambiti dove il datore di lavoro non può estendere il suo controllo diretto: l'abitazione della fusonista o il laptop del telelavori sono fattispecie all'attenzione di vari CCNL e realtà, di ieri come di domani, con cui fare i conti.

Invito alla lettura (del proprio Contratto Collettivo Nazionale di Categoria)

Proprio nella contrattazione collettiva nazionale il divieto di fedeltà può trovare un'elencazione, non esaustiva ma che sicuramente non può essere ignorata, dal datore quanto dal lavoratore. Visto e considerato il sostanziale abbandono, se non nelle realtà imprenditoriali più estese, di una autodisciplina specifica con il codice disciplinare, sul quale la Giurisprudenza per decadi ha discusso se e come dovesse essere affisso, visibile, evidenziato e chi più ne ha più ne metta.

La giusta causa[11], con la sua previsione omnicomprensiva di tutti i licenziamenti disciplinari, fa spesso dimenticare che non è sempre vero il contrario e che non tutti i licenziamenti per giusta causa nascono per "punire" il lavoratore. L'azienda innanzitutto vuole, legittimamente, tutelarsi Non è scontato dire che non è la stessa cosa.

I comportamenti e le omissioni vietate tipizzate sono stranamente neglette dagli stessi datori di lavoro i quali, da un lato le svuotano con atteggiamenti di "intollerante tolleranza" verso delle brutte abitudini

---

10 Il lavoro parasubordinato è, nel nostro ordinamento, una figura intermedia tra il lavoro subordinato e il contratto d'opera ex art. 2222 c.c. La distinzione si basa sulle modalità concrete di svolgimento del rapport, al di là della definizione formale. Tra le pronunce più recenti: "Ai fini della distinzione fra lavoro subordinato e lavoro autonomo, deve attribuirsi maggiore rilevanza alle concrete modalità di svolgimento del rapporto, da cui è ricavabile l'effettiva volontà delle parti (iniziale o sopravvenuta), rispetto al "nomen iuris" adottato dalle parti e ciò anche nel caso di contratto di lavoro a progetto, normativamente delineato come forma particolare di lavoro autonomo, ai sensi dell'art. 61 del d.lgs. 10.09.2003, n. 276." Cfr. Cassazione civile sez. lav. 21.10.2014 n. 22289.

11 Intesa come quella causa che non consente la prosecuzione neppure temporanea del rapporto di lavoro. È il cd. Licenziamento in tronco, senza preavviso.

che prendono piede in azienda, salvo, dall'altro, svegliarsi improvvisamente una mattina con la decisione di voler far piazza pulita dalla sera alla mattina di queste prassi non avallate. Per tacere di una congenita insofferenza dell'ufficio risorse umane / gestione del personale a considerare con attenzione la procedura di cui all'art. 7 della L. n. 300/70 (Il cd. Statuto dei lavoratori) e a staccare la fase della contestazione da quella di valutazione e di eventuale irrogazione della sanzione. Se non, con mossa suicida e illogica, accorpare, contestazione a sanzione in una medesima comunicazione.

Già con la contestazione disciplinare si apre una fase di gestione straordinaria – con conseguente "incompetenza" delle risorse umane chiamate a gestire i rapporti in essere e non situazioni di crisi -, da affidare ad un ufficio legale competente, qualora disponibile in house, oppure a un legale esterno. Il fatto che dicendolo, io stia tirando "acqua al mulino" della mia categoria professionale, non vale come argomento di smentita. La ragione vera è che è la proprietà ad indurre le sue risorse interne a sbagliare – o, almeno ad avventurarsi in "territori" infidi – scegliendo se avvalersi dei servigi di un commercialista, di un consulente del lavoro piuttosto che di quelli di un avvocato. Come a dire, scegliere, se di scelta si può parlare, se curarsi il mal di denti o una frattura non avendo soldi per un dentista e un ortopedico insieme.

Meglio poi evitare imbarazzanti "quiz" sulla conoscenza del proprio CCNL.[12]

Contenuto del divieto di concorrenza.

La norma vieta al lavoratore subordinato sia la concorrenza diretta che quella indiretta.

---

[12] I CCNL, conquista storica per i lavoratori e certezza e chiarezza anche per i datori di lavoro, sono poco o nulla consultati dai primi e dai secondi, nonostante siano reperibili con facilità e gratis sulla rete, dopo che per anni i sindacati, in questo voces clamantes in deserto, hanno distribuito migliaia di copie con una dedizione pari solo a ministri di culto evangelici nella *bible belt* americana. Sull'ignorare, più o meno deliberatamente, i CCNL - che si applicano erga omnes anche ai datori di lavoro che non aderiscono ad associazioni che li hanno stipulati - ne ho parlato anche nel mio "Lavorare in nero, breve manuale a tutela del lavoratore irregolare", 2014. Codice isbn 97888977764061. Stavolta … Repetita iuvant?

Al lavoratore non è consentito di mettersi in proprio, aprendo una sua attività in concorrenza con il datore di lavoro. Né di lavorare per un diretto *competitors* del primo datore di lavoro. Tanto costituisce un plus rispetto al normale principio di esclusività del rapporto di lavoro subordinato. Un dipendente full time non può fare un secondo lavoro senza espressa autorizzazione del suo principale.

Svolgere un secondo lavoro in concorrenza è un'aggravante che, oltre a valere sotto l'aspetto di una giusta causa di licenziamento, fonda il diritto del datore di lavoro alla richiesta di un risarcimento di danni patrimoniali e non patrimoniali, patiti e patendi, per danni emergenti e lucro cessante. Non ultimo, lo sviamento di clientela. Non è poco, considerato che usualmente il processo del lavoro, con le sue regole asimmetriche, vede il datore di lavoro su una posizione estremamente difensiva[13]. Il riappropriarsi di una domanda autonoma si rivelerà molto utile nella resistenza ad un'impugnativa del licenziamento che i numeri ci hanno mostrato essere pressocché inevitabile[14]. Soprattutto in un'ottica transattiva, da non accantonare nei continui capovolgimenti di fronte che si verificano durante lo svolgimento di un processo e della sua fase istruttoria.

Il divieto di fedeltà in parola vige per l'intera durata del rapporto di lavoro e a volte anche dopo, nel caso di pendenza di un giudizio per reintegra[15]. Per evitare il paradosso di un dipendente licenziato illegittimamente che diventi "infedele" nelle more del suo giudizio di reintegra.

---

[13] Le sentenze, anche di primo grado, e non solo di lavoro sono provvisoriamente esecutive e il lavoratore può precettare sulla base del solo dispositivo. Perdere in primo grado è spesso esiziale per l'Impresa, che rischia una vittoria di Pirro in appello, essendo molto difficile recuperare dall'ex dipendente le somme pagate in esecuzione della sentenza impugnata. Né è facile vedersi riconoscere, per questa ragione, dalla Corte di Appello una sospensione degli effetti esecutivi della sentenza di primo grado nelle more.

[14] E solo la recente introduzione del pagamento in ogni caso del contributo unificato per le cause lavoro in Cassazione, che non prevede l'applicabilità delle esenzioni rimaste per i primi due gradi di giudizio, dopo decenni di assoluta gratuità di spese di giustizia, unitamente a filtri vari e a difficoltà logistiche – la Suprema Corte è solo nella Capitale! – ha diminuito la quasi esatta corrispondenza che c'era del numero di lite tra i tre gradi di giudizio.

[15] Ipotesi – quella della reintegra a fronte di un licenziamento dichiarato illegittimo, ex art. 18 L. n. 300/70 nel suo testo originario - drasticamente delimitate per il futuro dalle modifiche introdotte di recente dal pacchetto del Jobs Act.

È sufficiente che ci sia materia di concorrenza.

Il divieto non opera nel caso di un dipendente che apra un'attività in un settore del tutto diverso, fatto salvo il rispetto della tendenziale esclusività[16] di cui si diceva prima.

In ogni caso la concorrenza va intesa in senso ampio, in concreto e in via potenziale.

Ed è una grossa limitazione, per le naturali commistioni dei vari settori economici e commerciali, che tutto sono tranne che comparti stagni. È stata, al contrario, la logica dei vasi comunicanti, che è effetto e causa in uno della globalizzazione, a diffondere la crisi dei *subprime* dall'America, che nel frattempo sembra aver già imboccato la via della guarigione, al Vecchio Continente.

In caso di contestazione, la palla passerà al Giudice adito, che valuterà caso per caso, nell'ambito di una forse troppo ampia discrezionalità. Del resto la casistica è talmente ampia da rendere impossibile una normazione puntuale che non diventi noiosa e puntigliosa raccolta di cerimoniali di corte.

Ma neanche la preclusione alla concorrenza è tout court, non volendo il legislatore prestarsi a coprire comportamenti prettamente emulativi dell'ex datore di lavoro.

Un'altra differenza rilevante con l'art. 2598 c.c. sta nel fatto che il divieto di fedeltà nel rapporto di lavoro inibisce la semplice intenzionalità. Non è necessario infatti – ma i relativi danni vanno risarciti e ancor prima, provati - che il lavoratore abbia danneggiato in concreto il suo datore di lavoro perché scatti la violazione dell'art. 2105 c.c. primo comma. Tanto è sufficiente perché il datore di lavoro decida che il rapporto di lavoro non prosegua neppure temporaneamente[17].

Concorrenza non necessariamente sleale.

La concorrenza vietata dall'art. 2105 c.c., essendo un divieto "qualificato", ovvero rivolto ad una determinata categoria – i collaboratori di impresa e non quisque de populo – non necessariamente deve essere concorrenza sleale, per la quale esiste

---

[16] Anche ai fini della continuità delle prestazioni di lavoro subordinato.

[17] Salvo che poi, allontanando il lavoratore infedele, cade il divieto di concorrenza. A meno che non sia stato previamente sottoscritto un patto di non concorrenza.

una specifica previsione normativa[18] (con relative ipotesi tassativamente indicate), con valenza erga omnes, per tutti, tra terzi.

Il divieto di concorrenza e i principi generali dell'ordinamento in tema di buona fede e correttezza contrattuale.

Il rapporto di lavoro è un rapporto contrattuale. Come tale soggiace ai doveri di buona fede e di correttezza contrattuale e la piena comprensione del divieto ex art. 2105 c.c. primo comma non prescinde da un inserimento nel contesto generale dei principi che reggono l'ordinamento, che impongono, nell'ambito dei rapporti ex art. 1218 c.c., di comportarsi secondo correttezza (cfr. art. 1175 c.c.) e di eseguire (le obbligazioni scaturenti da) il contratto in buona fede (Cfr. art. 1375 c.c.)

Al punto da concludere che non c'era bisogno certo di una norma specifica, come l'art. 2105 c.c. primo comma, per affermare un fatto ovvio: un dipendente non può remare contro l'impresa per cui lavora (e che gli paga lo stipendio.[19])

E, se lo fa, non può certo invocare a sua discolpa la buona fede, né definire il suo operato "corretto".

Allora il valore e l'utilità dell'art. 2105 c.c. sta nell'aver separato dall'oceano della concorrenza tra terzi, improntata ad una lealtà da competizione sportiva, dura ma ordinata da un minimo di regole, un gioco che è sempre scorretto, ancor prima di scendere in campo:

---

[18] Cfr. art. 2598 c.c. "Atti di concorrenza sleale": *"Ferme le disposizioni che concernono la tutela dei segni distintivi e dei diritti di brevetto, compie atti di concorrenza sleale chiunque: 1) usa nomi o segni distintivi idonei a produrre confusione con i nomi o con i segni distintivi legittimamente usati da altri, o imita servilmente i prodotti di un concorrente, o compie con qualsiasi altro mezzo atti idonei a creare confusione con i prodotti e con l'attività di un concorrente; 2) diffonde notizie e apprezzamenti sui prodotti e sull'attività di un concorrente, idonei a determinarne il discredito, o si appropria di pregi dei prodotti o dell'impresa di un concorrente; 3) si vale direttamente o indirettamente di ogni altro mezzo non conforme ai principi della correttezza professionale e idoneo a danneggiare l'altrui azienda."*

[19] *Mutatis mutandis*, lo storico Henri Pirenne, nel suo "Storia dell'Europa", ha individuato nella coincidenza tra funzionari e nobili il fallimento della politica imperiale unitaria carolingia, riunendo in un'unica persona la figura del controllato con quella del suo controllore. Scomparsi vassalli, valvassori e valvassini, il lavoratore subordinato non potrebbe svolgere bene il suo lavoro se avesse un interesse, personalistico, contrario a farlo.

quello dei lavoratori che si mettono anche solo in testa di fare le scarpe alla ditta con la quale collaborano. Perché la concorrenza dei collaboratori non è soltanto sleale, non è affatto concorrenza, è una partita truccata.

Ed ecco che il legislatore interviene deciso con il cartellino rosso.

3 Massimario Giurisprudenziale

Anno 2005 – 2015

Ricerca: art. 2105 c.c. primo comma

Autorità: Cassazione civile sez. lav.

Data: 09/01/2015

n. 144

Parti: Nuel Polo **C.** Soc. Sagat Handling

Fonti: Giustizia Civile Massimario 2015

Classificazioni: LAVORO SUBORDINATO (Rapporto di) - Diritti e doveri delle parti - - fedeltà, divieto di concorrenza

LAVORO SUBORDINATO (Rapporto di) - Diritti e doveri delle parti - fedeltà, divieto di concorrenza - Contenuto - Integrazione con i principi di correttezza e buona fede - Necessità - Comportamenti extralavorativi - Rilevanza - Fattispecie.

L'obbligo di fedeltà a carico del lavoratore subordinato ha un contenuto più ampio di quello risultante dall'art. 2105 cod. civ., integrandosi detta norma con gli artt. 1175 e 1375 cod. civ., che impongono correttezza e buona fede anche nei comportamenti extralavorativi, sicché il lavoratore è tenuto ad astenersi da qualsiasi condotta che risulti in contrasto con i doveri connessi al suo inserimento nella struttura e nell'organizzazione dell'impresa o crei situazioni di conflitto con le finalità e gli interessi della medesima o sia comunque idonea a ledere irrimediabilmente il presupposto fiduciario del rapporto. (Nella specie, la S.C. ha confermato la sentenza di merito che aveva ritenuto legittimo il licenziamento irrogato per lo svolgimento di attività sportiva suscettibile di aggravare le condizioni fisiche del lavoratore, evidenziando che, proprio per motivi di salute, il datore di lavoro aveva assegnato il dipendente a mansioni ridotte e diverse da quelle precedenti).

Autorità: Cassazione civile sez. lav.

Data: 09/01/2015

n. 144

Parti: Nuel Polo **C.** Soc. Sagat Handling

Fonti: Diritto & Giustizia 2015, 12 gennaio

Classificazioni: LAVORO SUBORDINATO (Rapporto di) - Diritti e doveri delle parti - - fedeltà, divieto di concorrenza

L'obbligo di fedeltà a carico del lavoratore subordinato ha un contenuto più ampio di quello risultante dall'art. 2105 cc, dovendo integrarsi con gli artt. 1175 e 1375 cc, che impongono correttezza e buona fede anche nei comportamenti extralavorativi, necessariamente tali da non danneggiare il datore di lavoro (confermato il licenziamento del lavoratore che aveva svolto attività sportiva non compatibile con le sue condizioni fisiche, atteso che tale condotta doveva ritenersi contraria ai doveri di buona fede e correttezza proprio perché in ragione delle sue condizioni di salute, il datore di lavoro lo aveva assegnato a mansioni ridotte e diverse da quelle precedentemente svolte, sopportando un inevitabile danno dal punto di vista dell'efficienza produttiva ed organizzativa).

Autorità: Cassazione civile sez. lav.

Data: 04/12/2014

n. 25682

Parti: Soc. I.P. **C.** R.

Fonti: Diritto & Giustizia 2014, 5 dicembre (s.m.) (nota di: DULIO)

Roberto Colantonio

Classificazioni: LAVORO SUBORDINATO (Rapporto di) - Diritti e doveri delle parti - - fedeltà, divieto di concorrenza

Il lavoratore che produca, in una controversia di lavoro intentata nei confronti del datore di lavoro, copia di atti aziendali, che riguardino direttamente la sua posizione lavorativa, non viene meno ai suoi doveri di fedeltà, di cui all'art. 2105 c.c., tenuto conto che l'applicazione corretta della normativa processuale in materia è idonea a impedire una vera e propria divulgazione della documentazione aziendale e che, in ogni caso, al diritto di difesa in giudizio deve riconoscersi prevalenza rispetto alle eventuali esigenze di riservatezza dell'azienda; ne consegue la legittimità della produzione in giudizio dei detti atti trattandosi di prove lecite e l'illegittimità del licenziamento disciplinare intimato quale conseguenza della predetta produzione documentale.

Autorità: Cassazione civile sez. lav.

Data: 26/11/2014

n. 25161

Parti: Barattelli **C.** Enel Distribuzione Spa

Fonti: Giustizia Civile Massimario 2014

Classificazioni: LAVORO SUBORDINATO (Rapporto di) - Diritti e doveri delle parti - - fedeltà, divieto di concorrenza

LAVORO SUBORDINATO (Rapporto di) - Diritti e doveri delle parti - fedeltà, divieto di concorrenza - Contenuto - Integrazione con i principi di correttezza e buona fede - Necessità - Comportamenti extralavorativi - Rilevanza.

L'obbligo di fedeltà a carico del lavoratore subordinato, sancito dall'art. 2105 cod. civ., va integrato in relazione agli artt. 1175 e 1375 cod. civ., sicché il lavoratore anche nei comportamenti extralavorativi deve attenersi ai principi di correttezza e buona fede, sì da non danneggiare il datore di lavoro.

22

Autorità: Tribunale Milano sez. lav.

Data: 08/09/2014

n. 2420

Parti: GROUPON srl **C.** Bi. Al.

Fonti: Redazione Giuffrè 2015

Classificazioni: LAVORO SUBORDINATO (Rapporto di) - Diritti e doveri delle parti - - fedeltà, divieto di concorrenza

I comportamenti posti in essere dal lavoratore licenziato (il quale richieda la reintegrazione nel posto di lavoro) nel periodo intermedio tra il licenziamento e l'ordine di reintegrazione possono avere rilievo sotto il profilo dell'eventuale violazione dell'obbligo di fedeltà (art. 2105 cod. civ.), che permane anche nel periodo suddetto, e possono anche giustificare un nuovo licenziamento, tenendo conto però che dalla violazione di tale obbligo (svolgimento di attività lavorativa alle dipendenze di altro datore di lavoro, operante in concorrenza) non consegue automaticamente una facoltà per quest'ultimo di procedere ad un nuovo licenziamento, dovendo in ogni caso valutarsi la gravità in concreto della condotta inadempiente del lavoratore e la sussistenza della proporzionalità tra tale condotta e l'estremo rimedio costituito dalla risoluzione del rapporto.

L'inadempimento al patto di non concorrenza appare pieno in considerazione della prestazione lavorativa resa in favore di altro soggetto, operante sul mercato in concorrenza con il precedente datore di lavoro, sin dal momento della definitiva cessazione del rapporto di rapporto e dalla mancata comunicazione di tale circostanza.

Autorità: Cassazione civile sez. lav.

Data: 29/08/2014

n. 18459

Parti: Cms Coop Soc **C.** Galli ed altri

Fonti: Giustizia Civile Massimario 2014 Diritto & Giustizia 2014, 18 dicembre

Classificazioni: LAVORO SUBORDINATO (Rapporto di) - Diritti e doveri delle parti - - fedeltà, divieto di concorrenza

LAVORO SUBORDINATO (Rapporto di) - Diritti e doveri delle parti - fedeltà, divieto di concorrenza - Violazione - Presupposti - Concorrenza prestata dopo la cessazione del rapporto - Ricorrenza - Esclusione.

La violazione del divieto di concorrenza posto a carico del lavoratore subordinato dall'art. 2105 cod. civ., riguarda non già la concorrenza che il prestatore, dopo la cessazione del rapporto, può svolgere nei confronti del precedente datore di lavoro, ma quella svolta illecitamente nel corso del rapporto di lavoro, attraverso lo sfruttamento di conoscenze tecniche e commerciali acquisite per effetto del rapporto stesso.

Autorità: Cassazione civile sez. lav.

Data: 09/08/2013

n. 19096

Parti: C.S. **C.** Ce.DI.SA. S.p.A.

Fonti: Diritto e Giustizia online 2013, 4 settembre

Classificazioni: LAVORO SUBORDINATO (Rapporto di) - Diritti e doveri delle parti - - fedeltà, divieto di concorrenza

Legittimo il licenziamento del dipendente che, mentre lavora per il proprio datore, prepara un'attività di impresa in concorrenza con quella per cui riceve un salario.

Autorità: Corte appello Roma sez. lav.

Data: 27/03/2013

n. 2824

Parti: -

Fonti: Redazione Giuffrè 2013

Classificazioni: LAVORO SUBORDINATO (Rapporto di) - Estinzione e risoluzione del rapporto: licenziamento - - per giusta causa

Lo svolgimento di altra attività lavorativa da parte del dipendente assente per malattia può giustificare il recesso del datore di lavoro in relazione alla violazione dei doveri generali di correttezza e buona fede e degli specifici obblighi contrattuali di diligenza e fedeltà.

Autorità: Cassazione civile sez. lav.

Data: 22/02/2013

n. 4559

Parti: M.G. **C.** Officine Protesi S.p.A.

Fonti: Diritto e Giustizia online 2013, 22 febbraio

Classificazioni: LAVORO SUBORDINATO (Rapporto di) - Estinzione e risoluzione del rapporto: licenziamento - - per giustificato motivo

L'assenza dal domicilio per lo svolgimento di attività lavorativa o di altro genere da parte del dipendente assente per malattia può giustificare il recesso del datore di lavoro, in relazione alla violazione dei doveri generali di correttezza e buona fede e degli specifici obblighi contrattuali di diligenza e fedeltà, secondo una valutazione da compiere ex ante, non solo allorché tale attività esterna sia di per sé sufficiente a far presumere l'inesistenza della malattia, ma anche nell'ipotesi in cui la medesima attività, valutata in relazione alla natura della patologia e delle mansioni svolte, possa pregiudicare o ritardare la guarigione e il rientro in servizio ciel dipendente. La valutazione circa la natura pregiudizievole di tale attività, costituisce giudizio di fatto, riservato al giudice di merito, censurabile in sede di legittimità unicamente nel caso in cui dall'esame del ragionamento svolto dal giudice del mento, quale risulta dalla sentenza, sia riscontrabile il mancato o insufficiente esame di punti decisivi della controversia, prospettati dalle parti o rilevabili d'ufficio, ovvero un insanabile contrasto tra le argomentazioni adottate, tale da non consentire l'identificazione del procedimento logico-giuridico posto a base della decisione (nella specie, la Corte ha confermato al legittimità del licenziamento intimato ad un lavoratore che, durante l'assenza dal lavoro per il riacutizzarsi di un episodio di da lombalgia, si era recato a caccia in due diverse mattine in una valle del Trentino, appostandosi in un apposito gabbiotto; condotta che si poneva in contrasto con la necessità di riposo e temperature calde).

Autorità: Cassazione civile sez. lav.

Data: 29/11/2012

n. 21253

Parti: E.D.S. **C.** SIDM s.p.a.

Fonti: Diritto & Giustizia 2012, 30 novembre (nota di: DULIO)

Classificazioni: LAVORO SUBORDINATO (Rapporto di) - Estinzione e risoluzione del rapporto: licenziamento - - per giusta causa

In tema di svolgimento di attività lavorativa durante l'assenza per malattia, non sussiste nel nostro ordinamento un divieto assoluto per il dipendente di prestare attività lavorativa, anche a favore di terzi, durante il periodo di assenza. Siffatto comportamento può, tuttavia, costituire giustificato motivo di recesso da parte del datore di lavoro ove esso integri una violazione dei doveri generali di correttezza e buona fede e degli specifici obblighi contrattuali di diligenza e fedeltà. Ciò può avvenire quando lo svolgimento di altra attività lavorativa da parte del dipendente assente per malattia sia di per sé sufficiente a far presumere l'inesistenza dell'infermità addotta a giustificazione dell'assenza, dimostrando quindi una sua fraudolenta simulazione, o quando l'attività stessa, valutata in relazione alla natura ed alle caratteristiche della infermità denunciata ed alle mansioni svolte nel l'ambito del rapporto di lavoro, sia tale da pregiudicare o ritardare, anche potenzialmente, la guarigione e il rientro in servizio del lavoratore (confermato, nella specie, il licenziamento del lavoratore che, durante la malattia, era stato sorpreso a svolgere attività di servizio ai tavoli e alla riscossione alla cassa presso un locale pubblico, in orario notturno, atteso che le modalità di espletamento di tali funzioni erano di per sé sufficienti a far dubitare della stessa esistenza della malattia, o quanto meno di una sua gravità tale da impedire l'espletamento di una attività lavorativa, ed erano comunque indice di una scarsa attenzione del lavoratore alle esigenze di cura della propria salute ed ai connessi doveri di non ostacolare o ritardare la guarigione, considerato anche l'impegno fisico richiesto dall'espletamento di tale attività).

Autorità: Cassazione civile sez. lav.

Data: 16/11/2012

n. 20163

Parti: Credito Emiliano S.p.A. **C.** C.P.

Fonti: Diritto e Giustizia online 2012, 19 novembre

Classificazioni: LAVORO SUBORDINATO (Rapporto di) - Diritti e doveri delle parti - - fedeltà, divieto di concorrenza

Non integra violazione dell'obbligo di fedeltà l'utilizzazione di documenti aziendali finalizzata all'esercizio di diritti (nella specie, la Corte ha confermato l'illegittimità del licenziamento intimato ad un lavoratore che aveva usa documenti riservati della società per fare causa al proprio datore).

Autorità: Cassazione civile sez. lav.

Data: 26/09/2012

n. 16375

Parti: M. **C.** Soc. Interbrennero

Fonti: Diritto & Giustizia 2012, 27 settembre Ragiusan 2013, 348-350, 395 (s.m)

Classificazioni: LAVORO SUBORDINATO (Rapporto di) - Estinzione e risoluzione del rapporto: licenziamento - - per giusta causa

Lo svolgimento, da parte del dipendente assente per malattia, di altra attività lavorativa che, valutata in relazione alla natura della patologia e delle mansioni svolte, può pregiudicare o ritardare la guarigione ed il rientro in servizio, costituisce violazione dei doveri generali di correttezza e buona fede; e questa violazione giustifica il recesso del datore di lavoro.

Autorità: Cassazione civile sez. lav.

Data: 21/05/2012

n. 7993

Parti: Ykk Mediterraneo s.p.a. **C.** O. A.

Fonti: DL Riv. critica dir. lav. 2012, 3, 818 (s.m.) (nota di: SARTORI)

Classificazioni: LAVORO SUBORDINATO

(Controversie individuali di) - Prove

Il lavoratore che produca, in una controversia giudiziaria promossa nei confronti del datore di lavoro, copia di atti aziendali che riguardano direttamente la sua posizione lavorativa, anche se di carattere riservato, non viene meno ai suoi doveri di fedeltà di cui all'art. 2105 c.c., tenuto conto che l'applicazione corretta della normativa processuale in materia è idonea a impedire una vera e propria divulgazione della documentazione aziendale e che, in ogni caso, al diritto di difesa in giudizio deve riconoscersi prevalenza rispetto alle eventuali esigenze di riservatezza dell'azienda. Ne consegue l'illegittimità del licenziamento intimato per tale motivo.

Autorità: Cassazione civile sez. lav.

Data: 04/04/2012

n. 5365

Parti: M. s.r.l. **C. B.**

Fonti: Guida al diritto 2012, 21, 63 (s.m)

Classificazioni: CONCORRENZA (Disciplina della) - Clientela (sviamento della)

In tema di concorrenza sleale per sviamento di clientela, l'illiceità della condotta non deve essere ricercata episodicamente, ma va desunta dalla qualificazione tendenziale dell'insieme della manovra posta in essere per danneggiare il concorrente, o per approfittare sistematicamente del suo avviamento sul mercato. Pertanto, mentre è contraria alle norme di correttezza imprenditoriale l'acquisizione sistematica, da parte di un ex dipendente che abbia intrapreso un'autonoma attività imprenditoriale, di clienti del precedente datore di lavoro il cui avviamento costituisca, soprattutto nella fase iniziale, il terreno dell'attività elettiva della nuova impresa, più facilmente praticabile proprio in virtù delle conoscenze riservate precedentemente acquisite, deve ritenersi fisiologico il fatto che il nuovo imprenditore, nella sua opera di proposizione e promozione sul mercato della sua nuova attività, acquisisca o tenti di acquisire anche alcuni clienti già in rapporti con l'impresa alle dipendenze della quale aveva prestato lavoro.

Autorità: Tribunale Milano

Data: 14/02/2012

Parti: E.E.G. s.p.a. **C.** E.E.s.p.a., E. s.p.a., B. M., B.G., C. S. e E.S.

Fonti: Giurisprudenza annotata di diritto industriale 2012, 1, 665

Classificazioni: PROVVEDIMENTI DI URGENZA (ART. 700 c.p.c.) - Condizioni per la concessione - - in genere

È competente la Sezione Specializzata in materia di proprietà industriale e non il giudice del lavoro quando la condotta sindacata non riguarda l'autonomo comportamento contrario ai doveri di fedeltà del dipendente ex art. 2105 c.c. ma il diverso aspetto della compartecipazione del dipendente nell'illecita sottrazione di segreti a danni del proprio datore di lavoro ed ascritta all'impresa concorrente, condotta quest'ultima, per sua natura, idonea a radicare la competenza della Sezione Specializzata in materia di proprietà industriale.

Autorità: Tribunale Milano

Data: 25/03/2011

Parti: S.s.p.a. **C.** E.M. s.r.l. e altro

Fonti: Giurisprudenza annotata di diritto industriale 2012, 1, 203

Classificazioni: LAVORO SUBORDINATO (Rapporto di) - Diritti e doveri delle parti - - fedeltà, divieto di concorrenza

L'accertamento dei fenomeni di sviamento della clientela e di storno di dipendenti è intrinsecamente correlato al confronto di diversi soggetti sul medesimo mercato e si fonda sulle specifiche modalità del comportamento dedotto come illecito, che devono essere illustrate — da chi invoca la tutela — al fine di evidenziare eventuali profili di illiceità che siano rilevanti sul piano della correttezza commerciale, rispetto ai comportamenti normalmente leciti tra competitori operanti sul medesimo mercato.

Autorità: Tribunale Milano Sez. Proprietà Industriale e Intellettuale

Data: 09/03/2011

n. 3221

Parti: -

Fonti: Redazione Giuffrè 2011

Classificazioni: LAVORO SUBORDINATO (Rapporto di) - Diritti e doveri delle parti - - fedeltà, divieto di concorrenza

In tema di rapporto di lavoro subordinato, integra effettiva violazione del dovere di fedeltà di cui all'art. 2105 c.c., ed è potenzialmente produttiva di danno, la costituzione, da parte di lavoratori dipendenti, di una società per lo svolgimento della medesima attività economica svolta dal datore di lavoro. D'altra parte possono essere altresì utilmente richiamati in questa sede, per lo specifico collegamento con il menzionato obbligo di fedeltà, anche i principi generali di correttezza e buona fede ex art. 1175 e 1375 c.c. in base ai quali il lavoratore deve astenersi non solo dai comportamenti espressamente vietati dal suddetto art. 2105, ma anche da qualsiasi altra condotta che, per la natura e per le sue possibili conseguenze, risulti in contrasto con i doveri connessi all'inserimento del lavoratore nella struttura e nell'organizzazione dell'impresa o crei situazioni di conflitto con le finalità e gli interessi della medesima o sia comunque idonea a ledere irrimediabilmente il presupposto fiduciario del rapporto.

Autorità: Cassazione civile sez. lav.

Data: 16/02/2011

n. 3822

Parti: Soc. Class Ed. **C.** Menon ed altro

Fonti: Giust. civ. Mass. 2011, 2, 258
Riv. it. dir. lav. 2012, 1, II, 29 (s.m.) (nota di: CASCIANO)

Classificazioni: LAVORO SUBORDINATO (Rapporto di) -
Estinzione e risoluzione del rapporto: licenziamento - - disciplinare

**Lavoro subordinato (rapporto di) - Diritti e doveri delle parti -
Fedeltà, divieto di concorrenza - Obbligo di fedeltà -
Comportamenti extralavorativi - Rilevanza - Limiti - Libertà di
pensiero - Tutela costituzionale - Portata - Fattispecie**

In tema di licenziamento per violazione dell'obbligo di fedeltà, il
principio secondo cui il carattere extralavorativo di un
comportamento non ne preclude la sanzionabilità in sede disciplinare,
quando la natura della prestazione dovuta dal lavoratore richieda un
ampio margine di fiducia esteso ai comportamenti privati non trova
applicazione, ove il comportamento del prestatore si estrinsechi in
comportamenti che siano espressione della libertà di pensiero, in
quanto la tutela di valori tutelati costituzionalmente (art. 21 cost.) non
può essere recessiva rispetto ai diritti-doveri connaturali al rapporto
di lavoro. (Nella specie, la S.C. ha confermato la sentenza di merito
che aveva escluso l'illegittimità del licenziamento irrogato, per
violazione dell'obbligo di fedeltà, ad un direttore esecutivo di testata
giornalistica che aveva pubblicato presso altre case editrice un volume
relativo ad argomenti trattati anche dalla rivista della quale era
dipendente).

Autorità: Tribunale Torino Sez. Proprieta' Industriale e Intellettuale

Data: 02/04/2010

n.

Parti: S.r.l. Finserralunga, Marco Serralunga e Serralunga S.r.l. **C.** S.A.W. S.r.l., Edorardo Serralunga e Manuela Piana

Fonti: Sez. Spec. P.I. 2010, 1, 484

Classificazioni: RESPONSABILITÀ CIVILE - Solidarietà

Per i contratti di collaborazione, come quello di lavoro parasubordinato, nella durata massima dell'eventuale patto accessorio di non concorrenza non può essere compreso il tempo di svolgimento della collaborazione, ragion per cui la stessa durata non inizia prima della cessazione del contratto. Infatti, durante lo svolgimento di questo, l'obbligo di astenersi dalla concorrenza, connaturale ad ogni rapporto di collaborazione economica, renderebbe inutile, ossia privo di causa, il patto accessorio. Durante lo svolgimento di questo, infatti, l'obbligo di astenersi dalla concorrenza, connaturale ad ogni rapporto di collaborazione economica, renderebbe inutile ossia privo di causa il patto accessorio, come risulta ad esempio dagli artt. 1743, 1746, comma 1, 2105, 2301, 2318 c.c. ed in generale dall'art. 1375 c.c.

Autorità: Cassazione civile sez. lav.

Data: 10/08/2009

n. 18169

Parti: R. **C.** Soc. N.

Fonti: Foro it. 2010, 3, I, 927

Classificazioni: LAVORO SUBORDINATO (Rapporto di) - Estinzione e risoluzione del rapporto: licenziamento - - disciplinare

È legittimo il licenziamento disciplinare irrogato al lavoratore che, in violazione dell'art. 2105 c.c. abbia svolto attività di concorrenza sleale in danno del proprio datore di lavoro, anche in mancanza di affissione del codice disciplinare, purché siano osservate le garanzie previste dall'art. 7, commi 2 e 3, l. n. 300 del 1970.

Autorità: Cassazione civile sez. lav.

Data: 18/06/2009

n. 14176

Parti: Fante **C.** Soc. Trenitalia

Fonti: Giust. civ. Mass. 2009, 6, 941

Classificazioni: LAVORO SUBORDINATO (Rapporto di) - Diritti e doveri delle parti - - fedeltà, divieto di concorrenza

Lavoro subordinato (rapporto di) - Diritti e doveri delle parti - Fedeltà, divieto di concorrenza - Obbligo di fedeltà - Contenuto - Integrazione con i principi di correttezza e buona fede - Necessità - Comportamenti extralavorativi - Rilevanza - Limiti - Fattispecie

L'obbligo di fedeltà a carico del lavoratore subordinato ha un contenuto più ampio di quello risultante dall'art. 2105 c.c., dovendo integrarsi con gli art. 1175 e 1375 c.c., che impongono correttezza e buona fede anche nei comportamenti extralavorativi, necessariamente tali da non danneggiare il datore di lavoro. (Nella specie, la S.C. ha confermato la sentenza di merito che aveva escluso l'illegittimità del licenziamento irrogato, per violazione dell'obbligo di fedeltà, ad un lavoratore che aveva svolto la pratica legale curando, in sede giudiziaria o extragiudiziaria, interessi di terzi in conflitto con quelli del datore di lavoro, ritenendo irrilevante la scarsa complessità dell'attività o il ridotto impegno richiesto dalla stessa).

Autorità: Cassazione civile sez. lav.

Data: 06/05/2009

n. 10403

Parti: M.M. **C.** Idroenergy srl

Fonti: Diritto e Giustizia online 2009

Classificazioni: LAVORO SUBORDINATO (Rapporto di) - Autonomia o subordinazione (differenza tra -) - - lavoro parasubordinato

Per i contratti di collaborazione, come quello di lavoro parasubordinato, nella durata massima dell'eventuale patto accessorio di non concorrenza non può essere compreso il tempo di svolgimento della collaborazione, ragion per cui la stessa durata non inizia prima della cessazione del contratto. Infatti, durante lo svolgimento di questo, l'obbligo di astenersi dalla concorrenza, connaturale ad ogni rapporto di collaborazione economica, renderebbe inutile, ossia privo di causa, il patto accessorio.

Autorità: Cassazione civile sez. lav.

Data: 28/04/2009

n. 9925

Parti: F.A. **C.** Soc. S. Michele Arcangelo coop. agr.

Fonti: Guida al diritto 2009, 22, 64 (s.m) Giust. civ. Mass. 2009, 4, 684

Classificazioni: LAVORO SUBORDINATO (Rapporto di) - Diritti e doveri delle parti - - fedeltà, divieto di concorrenza

Lavoro subordinato (rapporto di) - Diritti e doveri delle parti - Fedeltà, divieto di concorrenza - Obbligo di fedeltà - Comportamenti del lavoratore successivi al licenziamento - Obblighi di comportamento derivanti dall'art. 2043 c.c. e da norme penali - Violazione - Rilevanza - Obblighi di comportamento derivanti dal contratto - Violazione - Rilevanza - Limiti - Fattispecie

I comportamenti posti in essere dal lavoratore dopo la cessazione del rapporto per licenziamento e prima della sua ricostituzione jussu judicis possono assumere rilevanza disciplinare, occorrendo distinguere tra obblighi scaturenti dal sinallagma contrattuale e doveri extracontrattuali, derivanti dall'art. 2043 c.c. o da norme penali. Su questi ultimi doveri in nessun caso può influire la cessazione del rapporto, perché essi non trovano la loro fonte nel sinallagma contrattuale, e quindi la loro violazione rileva sempre, anche se posta in essere dopo la cessazione del rapporto, mentre gli obblighi scaturenti dal contratto rimangono a carico del lavoratore per un suo obbligo di coerenza con la volontà di proseguire il rapporto espressa con l'impugnazione del licenziamento, salvo i comportamenti necessitati dallo scopo di reperire fonti di sostentamento alternative alla retribuzione di fatto non più corrisposta, con una ricerca svolta dal lavoratore nell'ambito della propria professionalità e quindi anche, eventualmente, presso la concorrenza. (Nella specie, la S.C., nel rigettare il ricorso, ha ritenuto la correttezza della decisione impugnata che, con motivazione adeguata, aveva ritenuto che lo svolgimento di una attività professionale alle dipendenze di una impresa concorrente del datore di lavoro nel periodo intermedio tra il licenziamento e l'ordine di reintegrazione, proseguita anche dopo la reintegra, integrasse la violazione del dovere di fedeltà, e ciò anche se, in precedenza, tale condotta era stata tollerata).

Autorità: Cassazione civile sez. lav.

Data: 28/04/2009

n. 9925

Parti: F.A. **C.** Soc. S. Michele Arcangelo coop. agr.

Fonti: Diritto e Giustizia online 2009

Classificazioni: LAVORO SUBORDINATO (Rapporto di) - Diritti e doveri delle parti - - fedeltà, divieto di concorrenza

Il dovere di fedeltà del lavoratore illegittimamente licenziato non viene meno con l'interruzione del rapporto, ma permane sia durante il processo che dopo la sentenza di riammissione nel posto di lavoro. Per tale motivo, al lavoratore che nelle more della reintegra svolge attività interferente con quella del datore di lavoro può essere contestato un altro addebito disciplinare e, quindi, un nuovo licenziamento (nella specie, la Corte ha confermato la giusta causa di recesso nei confronti del lavoratore di una cooperativa che, in attesa della reintegrazione nel posto di lavoro, aveva prestato la propria cooperazione presso una società concorrente).

Autorità: Cassazione civile sez. lav.

Data: 21/04/2009

n. 9474

Parti: Soc. C. C. **C.** F.

Fonti: Diritto e Giustizia online 2009

Ragiusan 2009, 299-300, 309

Giust. civ. Mass. 2009, 4, 656 DL Riv. critica dir. lav. 2009, 2, 448 (s.m.) (nota di: SCORCELLI)

Classificazioni: LAVORO SUBORDINATO (Rapporto di) - Estinzione e risoluzione del rapporto: licenziamento - - per giusta causa

Lavoro subordinato (rapporto di) - Estinzione e risoluzione del rapporto - Licenziamento - Per giusta causa - Svolgimento di altra attività, lavorativa ed extralavorativa, da parte del lavoratore durante lo stato di malattia - Violazione dei doveri contrattuali di correttezza e buona fede nell'adempimento dell'obbligazione - Configurabilità - Criteri - Fattispecie

L'espletamento di altra attività, lavorativa ed extralavorativa, da parte del lavoratore durante lo stato di malattia è idoneo a violare i doveri contrattuali di correttezza e buona fede nell'adempimento dell'obbligazione e a giustificare il recesso del datore di lavoro, laddove si riscontri che l'attività espletata costituisca indice di una scarsa attenzione del lavoratore alla propria salute ed ai relativi doveri di cura e di non ritardata guarigione, oltre ad essere dimostrativa dell'inidoneità dello stato di malattia ad impedire comunque l'espletamento di un'attività ludica o lavorativa. (Nella specie, la S.C. ha cassato la decisione della corte territoriale che aveva ritenuto non contrastante con i doveri del dipendente nel periodo malattia la condotta di un aiuto medico, con rapporto di lavoro a tempo parziale, che, pendente un ciclo riabilitativo per l'insorgenza di coxoartrosi post-necrotica, guidava una moto di grossa cilindrata, prendeva bagni di mare e prestava attività di direttore sanitario presso altro presidio sanitario).

Autorità: Tribunale Roma Sez. Proprietà Industriale e Intellettuale

Data: 12/06/2008

Parti: Gourmet Line S.r.l. **C.** Food & Solutions S.a.s. di Crialesi Laura & Co.

Fonti: Sez. Spec. P.I. 2008, 1, 294

Classificazioni: CONCORRENZA (Disciplina della) - Clientela (sviamento della)

CONCORRENZA - concorrenza sleale - violazione degli obblighi di riservatezza - storno di dipendenti - imitazione servile - sviamento di clientela
PROVVEDIMENTI CAUTELARI - inibitoria

Gli artt. 2105 c.c. e 64, II comma D.lgs. 276/2003 fanno riferimento ad obblighi di riservatezza ricadenti su dipendenti e collaboratori in costanza di rapporto subordinato o parasubordinato, ovvero nell'esecuzione del contratto, non potendo quindi applicarsi ad atti successivi alla cessazione del rapporto di collaborazione.
Non si ravvisa un'ipotesi di storno di dipendenti nel caso in cui sia assente alcun obiettivo illecito nel comportamento contestato o,

addirittura, l'animus nocendi, lo specifico scopo di danneggiare l'azienda altrui, che costituisce elemento soggettivo necessario a ricondurre l'azione nell'ambito dell'illecito concorrenziale.

L'imitazione, per integrare gli estremi della concorrenza sleale, deve riguardare la forme esteriore, cioè l'apparenza individualizzante dell'oggetto imitato, non le sue qualità estrinseche, né le caratteristiche funzionali, né il prezzo, il pregio o l'apprezzamento del pubblico, la sua fama o il credito pubblicitario. Oltre a dimostrare che il proprio prodotto è imitato fedelmente, l'attore danneggiato deve altresì provare che l'iniziativa in contestazione è confusoria, perché investe quegli elementi formali che servono a distinguere il proprio prodotto sul mercato.

Non può ravvisarsi una forma di sviamento di clientela nel caso di specie, in quanto parte ricorrente non ha provveduto ad allegare circostanze atte a ritenere che l'acquisizione di nuovi clienti da parte resistente sia avvenuta utilizzando mezzi scorretti e sleali.

Autorità: Cassazione civile sez. lav.

Data: 24/04/2008

n. 10706

Parti: Soc. Draco it. **C.** F.C.

Fonti: Diritto e Giustizia online 2008

Classificazioni: LAVORO SUBORDINATO (Rapporto di) - Estinzione e risoluzione del rapporto: licenziamento - - per giusta causa

Lo svolgimento da parte del dipendente di una attività lavorativa in proprio o presso terzi durante il periodo di assenza dal lavoro per malattia può giustificare il licenziamento per violazione dei doveri generali di correttezza e buona fede e degli specifici obblighi contrattuali di diligenza e fedeltà, oltre che nell'ipotesi in cui l'attività esterna sia di per sé sufficiente a far presumere l'inesistenza della malattia, anche quando la medesima attività, valutata "ex ante" in relazione alla natura della patologia e delle mansioni svolte, possa pregiudicare o ritardare la guarigione e con essa il rientro del lavoratore in servizio.

Autorità: Cassazione civile sez. lav.

Data: 01/02/2008

n. 2474

Parti: Il Gigante Grandi Magazzini Supermercati **C.** Brivio

Fonti: Giust. civ. Mass. 2008, 2, 148

Classificazioni: LAVORO SUBORDINATO (Rapporto di) - Estinzione e risoluzione del rapporto: licenziamento - - per giustificato motivo

Lavoro subordinato (rapporto di) - Estinzione e risoluzione del rapporto - Licenziamento - Reintegrazione nel posto di lavoro: esecuzione in forma specifica - Violazione dell'obbligo di fedeltà ex art. 2105 c.c. - Portata - Comportamenti contrari all'interesse del datore di lavoro anche solo potenzialmente lesivi - Società - Interesse proprio - Sussistenza - Interesse del socio (di maggioranza) - Irrilevanza - Fattispecie relativa al rastrellamento di quote azionarie

In tema di licenziamento per violazione dell'obbligo di fedeltà, il lavoratore deve astenersi dal porre in essere non solo i comportamenti espressamente vietati dall'art. 2105 c.c. ma anche qualsiasi altra condotta che, per la natura e per le possibili conseguenze, risulti in contrasto con i doveri connessi al suo inserimento nella struttura e nell'organizzazione dell'impresa, ivi compresa la mera preordinazione di attività contraria agli interessi del datore di lavoro potenzialmente produttiva di danno; tale contrarietà, peraltro, nel caso di dipendente di società, va necessariamente rapportata agli interessi del soggetto giuridico società e non agli interessi di un singolo socio o di un gruppo, anche se di maggioranza. (Nella specie, la S.C., nel confermare la sentenza impugnata, ha ritenuto che la condotta del dipendente di acquisto di quote azionarie e di successiva vendita delle stesse al maggior concorrente della società datrice di lavoro - attività in sé legittima sul piano del diritto societario ancorché suscettibile di autonoma valutazione nell'ambito del rapporto di lavoro - non integrasse gli estremi della giusta causa di licenziamento, tant'è che il Consiglio di amministrazione della società aveva escluso che fosse suo compito intervenire sui diritti dei soci al trasferimento delle azioni, restando privo di rilevanza che la suddetta operazione avesse sconvolto l'assetto societario a danno del socio di maggioranza).

Autorità: Cassazione civile sez. lav.

Data: 29/11/2007

n. 24907

Parti: R. **C.** Soc. S. organizzazione in liquid.

Fonti: Guida al diritto 2008, 4, 78 (s.m)

Classificazioni: LAVORO SUBORDINATO (Rapporto di) - Diritti e doveri delle parti - - fedeltà, divieto di concorrenza

In tema di obblighi del lavoratore dipendente, al fatto materiale della costituzione, da parte del lavoratore medesimo, di una società per lo svolgimento della stessa attività economica svolta dal datore di lavoro, consegue la violazione del dovere di fedeltà di cui all'art. 2105 c.c.

Autorità: Tribunale Venezia

Data: 12/07/2007

Parti: Soc. D.B. Group **C.** Soc. Arcese trasporti e altro

Fonti: Foro it. 2007, 12, I, 3544

Classificazioni: CONCORRENZA (Disciplina della) - Clientela

(sviamento della)

L'assunzione di un ex dipendente di un concorrente, ancora vincolato da un valido patto di non concorrenza, chiamato a svolgere la propria attività nello stesso settore, e nella stessa area di operatività di tale patto, così avvalendosi delle sue conoscenze sul territorio e della sua competenza, costituisce condotta di concorrenza sleale per sviamento di clientela, cui concorre lo stesso ex dipendente (nella specie, il tribunale ha inibito all'impresa che ha posto in essere l'illecito di continuare ad avvalersi, in quell'area geografica, delle prestazioni del dipendente, e a quest'ultimo ha ordinato di cessare ivi ogni attività lavorativa).

Autorità: Cassazione civile sez. lav.

Data: 09/01/2007

n. 153

Parti: Lo Tesoriere **C.** Soc. Bertolini

Fonti: Foro it. 2007, 2, I, 397

Classificazioni: LAVORO SUBORDINATO (Rapporto di) - Estinzione e risoluzione del rapporto: licenziamento - - per giusta causa

E' legittimo il licenziamento del lavoratore che acceda abusivamente a dati riservati del datore di lavoro, custoditi in una directory protetta da password.

Autorità: Cassazione civile sez. lav.

Data: 13/09/2006

n. 19554

Parti: M. **C.** Soc. Micron

Fonti: Foro it. 2007, 1, I, 119

Notiziario giur. lav. 2006, 5, 667

Classificazioni: LAVORO SUBORDINATO (Rapporto di) - Estinzione e risoluzione del rapporto: licenziamento - - disciplinare

E' legittimo il licenziamento del lavoratore che comunichi a terzi le password personali idonee a consentire l'accesso ad informazioni aziendali destinate a restare riservate.

Autorità: Tribunale S.Maria Capua V.

Data: 18/08/2006

Fonti: Corriere del merito 2007, 1, 54 (s.m.) (nota di: BATTELLI)

Classificazioni: CONCORRENZA (Disciplina della) - Concorrenza sleale - - in genere

Avvalersi delle informazioni in possesso dell'ex dipendente di un'impresa concorrente il quale, prima di dimettersi, si sia appropriato dei tabulati contenenti l'elenco dei clienti con i prodotti acquistati ed i prezzi praticati, al fine di contattare, sulla scorta dei dati contenuti nei documenti sottratti, i soggetti indicati negli stessi offrendo loro i medesimi prodotti e praticando loro un ribasso dei prezzi costituisce una fattispecie illecita di concorrenza ai sensi dell'art. 2598 n. 3 c.c.

Autorità: Tribunale Milano

Data: 19/07/2006

Parti: Soc. Banca Intesa **C.** De Luca e altro

Fonti: DL Riv. critica dir. lav. 2006, 4, 1146

Classificazioni: LAVORO SUBORDINATO (Rapporto di) - Diritti e doveri delle parti - - diligenza nell'adempimento

Il datore di lavoro che agisca in giudizio nei confronti del dipendente per il risarcimento del danno da inadempimento non può sostenere contemporaneamente che i danni sono stati causati dalla condotta infedele del lavoratore in violazione dell'art. 2105 c.c. e dalla condotta negligente dello stesso in violazione dell'art. 2104 c.c. poiché l'elemento soggettivo si atteggia diversamente nei due casi, trattandosi di dolo per la condotta infedele e di colpa per quella negligente.

Autorità: Cassazione civile sez. lav.

Data: 18/07/2006

n. 16377

Parti: Caggegi **C.** Soc. Belvedere

Fonti: Giust. civ. Mass. 2006, 7-8

Classificazioni: LAVORO SUBORDINATO (Rapporto di) - Diritti e doveri delle parti - - fedeltà, divieto di concorrenza

Lavoro subordinato (rapporto di) - Diritti e doveri delle parti - Fedeltà, divieto di concorrenza - Violazione dell'obbligo ex art. 2105 c.c. - Estremi - Costituzione di una società per lo svolgimento della medesima attività del datore di lavoro - Fattispecie.

Integra violazione del dovere di fedeltà di cui all'art. 2105 c.c., ed è potenzialmente produttiva di danno, la costituzione, da parte di un lavoratore dipendente, di una società per lo svolgimento della medesima attività economica svolta dal datore di lavoro. (Fattispecie in cui il dipendente, ricorrente, aveva costituito con altri una cooperativa di produzione e lavoro, all'interno della quale si era impegnato a svolgere la stessa attività che svolgeva per il proprio datore di lavoro, facendo diretta concorrenza a questi).

Autorità: Cassazione civile sez. lav.

Data: 19/04/2006

n. 9056

Parti: Prov. it. Congregazione Figli Immacolata **C. A.**

Fonti: Giust. civ. Mass. 2006, 4

Classificazioni: LAVORO SUBORDINATO (Rapporto di) - Diritti e doveri delle parti - - fedeltà, divieto di concorrenza

Lavoro subordinato (rapporto di) - Diritti e doveri delle parti - Fedeltà, divieto di concorrenza - Obbligo di fedeltà - Definizione - Divieto di concorrenza - Ambito - Estremi della concorrenza sleale - Necessità - Esclusione - Prova relativa al comportamento infedele del dipendente in sede di impugnazione del licenziamento disciplinare - Onere a carico del datore di lavoro - Sussistenza - Fattispecie.

Il dovere di fedeltà, sancito dall'art. 2105 c.c., si sostanzia nell'obbligo del lavoratore di tenere un comportamento leale verso il datore di lavoro e di tutelarne in ogni modo gli interessi; pertanto, rientra nella sfera di tale dovere il divieto di trattare affari per conto proprio o di terzi in concorrenza con l'imprenditore-datore di lavoro nel medesimo settore produttivo o commerciale, senza che sia necessaria, allo scopo, la configurazione di una vera e propria condotta di concorrenza sleale, in una delle forme stabilite dall'art. 2598 c.c. Nell'ipotesi di impugnativa del licenziamento disciplinare intimato al lavoratore per assunta violazione del suddetto dovere di fedeltà, incombe al datore di lavoro l'onere di riscontrare rigorosamente i comportamenti attraverso i quali si sarebbe realizzata l'infedeltà del dipendente e, pertanto, la gravità della condotta di inaffidabilità tale da legittimare la sanzione del licenziamento. (Nella specie, la S.C., sulla scorta dell'enunciato principio, ha rigettato il ricorso e confermato la sentenza impugnata, con la quale era stata accolta l'impugnativa del licenziamento disciplinare irrogato nei confronti di un medico dipendente di una struttura sanitaria privata, sul presupposto del sistematico sviamento della clientela della struttura medesima presso altri laboratori per indagini soprattutto sugli allergeni, senza che, però, fosse emersa un'idonea prova, incombente sulla datrice di lavoro, sui singoli casi comportanti la violazione ripetuta dell'obbligo di fedeltà, anche in considerazione della circostanza che l'avviamento di pazienti presso altri istituti privati poteva essere in ipotesi giustificato dalla inidoneità del laboratorio appartenente all'azienda da cui dipendeva il lavoratore ad effettuare particolari complessi tipi di analisi e dalla necessità di osservare tempi più brevi per lo sviluppo di altre indagini).

Autorità: Tribunale Bologna sez. lav.

Data: 31/01/2006

n. 690

Fonti: Guida al diritto 2006, 37, 87 (s.m)

Classificazioni: LAVORO SUBORDINATO (Rapporto di) - Diritti e doveri delle parti - - fedeltà, divieto di concorrenza

La violazione del divieto di concorrenza di cui all'art. 2105 c.c. riguarda comportamenti che solo il lavoratore subordinato in quanto tale può tenere e presuppone, pertanto, la costanza del rapporto di subordinazione. Ne deriva che non può configurarsi l'illecito previsto da detta norma qualora i comportamenti denunziati siano successivi alla cessazione del rapporto di lavoro. La differenza fra attività di concorrenza illecita soltanto iniziata, ma pur sempre rilevante ai fini dell'art. 2105, e attività meramente preparatoria e perciò irrilevante, può essere delineata con riferimento alla distinzione, usuale nel diritto penale, fra reato tentato e attività preliminare, o preparatoria, non punibile.

Autorità: Cassazione civile sez. lav.

Data: 13/09/2006

n. 19554

Parti: M. **C.** Soc. Micron

Fonti: Foro it. 2007, 1, I, 119

Notiziario giur. lav. 2006, 5, 667

Classificazioni: LAVORO SUBORDINATO (Rapporto di) - Estinzione e risoluzione del rapporto: licenziamento - - disciplinare

E' legittimo il licenziamento del lavoratore che comunichi a terzi le password personali idonee a consentire l'accesso ad informazioni aziendali destinate a restare riservate.

Autorità: Tribunale S.Maria Capua V.

Data: 18/08/2006

Fonti: Corriere del merito 2007, 1, 54 (s.m.) (nota di: BATTELLI)

Classificazioni: CONCORRENZA (Disciplina della) - Concorrenza sleale - - in genere

Avvalersi delle informazioni in possesso dell'ex dipendente di un'impresa concorrente il quale, prima di dimettersi, si sia appropriato dei tabulati contenenti l'elenco dei clienti con i prodotti acquistati ed i prezzi praticati, al fine di contattare, sulla scorta dei dati contenuti nei documenti sottratti, i soggetti indicati negli stessi offrendo loro i medesimi prodotti e praticando loro un ribasso dei prezzi costituisce una fattispecie illecita di concorrenza ai sensi dell'art. 2598 n. 3 c.c.

Autorità: Tribunale Milano

Data: 19/07/2006

Parti: Soc. Banca Intesa **C.** De Luca e altro

Fonti: DL Riv. critica dir. lav. 2006, 4, 1146

Classificazioni: LAVORO SUBORDINATO (Rapporto di) - Diritti e doveri delle parti - - diligenza nell'adempimento

Il datore di lavoro che agisca in giudizio nei confronti del dipendente per il risarcimento del danno da inadempimento non può sostenere contemporaneamente che i danni sono stati causati dalla condotta infedele del lavoratore in violazione dell'art. 2105 c.c. e dalla condotta negligente dello stesso in violazione dell'art. 2104 c.c. poiché l'elemento soggettivo si atteggia diversamente nei due casi, trattandosi di dolo per la condotta infedele e di colpa per quella negligente.
Archivio selezionato: Massime

Autorità: Cassazione civile sez. lav.

Data: 18/07/2006

n. 16377

Parti: Caggegi **C.** Soc. Belvedere

Fonti: Giust. civ. Mass. 2006, 7-8

Classificazioni: LAVORO SUBORDINATO (Rapporto di) - Diritti e doveri delle parti - - fedeltà, divieto di concorrenza

Lavoro subordinato (rapporto di) - Diritti e doveri delle parti - Fedeltà, divieto di concorrenza - Violazione dell'obbligo ex art. 2105 c.c. - Estremi - Costituzione di una società per lo svolgimento della medesima attività del datore di lavoro - Fattispecie.

Integra violazione del dovere di fedeltà di cui all'art. 2105 c.c., ed è potenzialmente produttiva di danno, la costituzione, da parte di un lavoratore dipendente, di una società per lo svolgimento della medesima attività economica svolta dal datore di lavoro. (Fattispecie in cui il dipendente, ricorrente, aveva costituito con altri una cooperativa di produzione e lavoro, all'interno della quale si era impegnato a svolgere la stessa attività che svolgeva per il proprio datore di lavoro, facendo diretta concorrenza a questi).

Autorità: Cassazione civile sez. lav.

Data: 19/04/2006

n. 9056

Parti: Prov. it. Congregazione Figli Immacolata **C. A.**

Fonti: Giust. civ. Mass. 2006, 4

Classificazioni: LAVORO SUBORDINATO (Rapporto di) - Diritti e doveri delle parti - - fedeltà, divieto di concorrenza

Lavoro subordinato (rapporto di) - Diritti e doveri delle parti - Fedeltà, divieto di concorrenza - Obbligo di fedeltà - Definizione - Divieto di concorrenza - Ambito - Estremi della concorrenza sleale - Necessità - Esclusione - Prova relativa al comportamento infedele del dipendente in sede di impugnazione del licenziamento disciplinare - Onere a carico del datore di lavoro - Sussistenza - Fattispecie.

Il dovere di fedeltà, sancito dall'art. 2105 c.c., si sostanzia nell'obbligo del lavoratore di tenere un comportamento leale verso il datore di lavoro e di tutelarne in ogni modo gli interessi; pertanto, rientra nella sfera di tale dovere il divieto di trattare affari per conto proprio o di terzi in concorrenza con l'imprenditore-datore di lavoro nel medesimo settore produttivo o commerciale, senza che sia necessaria, allo scopo, la configurazione di una vera e propria condotta di concorrenza sleale, in una delle forme stabilite dall'art. 2598 c.c. Nell'ipotesi di impugnativa del licenziamento disciplinare intimato al lavoratore per assunta violazione del suddetto dovere di fedeltà, incombe al datore di lavoro l'onere di riscontrare rigorosamente i comportamenti attraverso i quali si sarebbe realizzata l'infedeltà del dipendente e, pertanto, la gravità della condotta di inaffidabilità tale

Roberto Colantonio

da legittimare la sanzione del licenziamento. (Nella specie, la S.C., sulla scorta dell'enunciato principio, ha rigettato il ricorso e confermato la sentenza impugnata, con la quale era stata accolta l'impugnativa del licenziamento disciplinare irrogato nei confronti di un medico dipendente di una struttura sanitaria privata, sul presupposto del sistematico sviamento della clientela della struttura medesima presso altri laboratori per indagini soprattutto sugli allergeni, senza che, però, fosse emersa un'idonea prova, incombente sulla datrice di lavoro, sui singoli casi comportanti la violazione ripetuta dell'obbligo di fedeltà, anche in considerazione della circostanza che l'avviamento di pazienti presso altri istituti privati poteva essere in ipotesi giustificato dalla inidoneità del laboratorio appartenente all'azienda da cui dipendeva il lavoratore ad effettuare particolari complessi tipi di analisi e dalla necessità di osservare tempi più brevi per lo sviluppo di altre indagini).

Autorità: Tribunale Bologna sez. lav.

Data: 31/01/2006

n. 690

Fonti: Guida al diritto 2006, 37, 87 (s.m)

Classificazioni: LAVORO SUBORDINATO (Rapporto di) - Diritti e doveri delle parti - - fedeltà, divieto di concorrenza

La violazione del divieto di concorrenza di cui all'art. 2105 c.c. riguarda comportamenti che solo il lavoratore subordinato in quanto tale può tenere e presuppone, pertanto, la costanza del rapporto di subordinazione. Ne deriva che non può configurarsi l'illecito previsto da detta norma qualora i comportamenti denunziati siano successivi alla cessazione del rapporto di lavoro. La differenza fra attività di concorrenza illecita soltanto iniziata, ma pur sempre rilevante ai fini dell'art. 2105, e attività meramente preparatoria e perciò irrilevante, può essere delineata con riferimento alla distinzione, usuale nel diritto penale, fra reato tentato e attività preliminare, o preparatoria, non punibile.

L'AUTORE

Roberto Colantonio, laureato cum laude in Giurisprudenza nel 1998, è avvocato dal 2002, con studio legale in Napoli, alla via Michelangelo Schipa 59, 80122.
Cura i blog: lavoratorieimprese.com e lavorosa.wordpress.com

Pubblicazioni:

Diritto agroalimentare, Iemme Edizioni
"Expo.eat, il cibo ai tempi dell'Expo" coautore, 2015. Codice
Isbn 9788897776628
disponibile nelle librerie Feltrinelli

Diritto del lavoro, Iemme Edizioni
"Lavorare in nero, breve manuale a tutela del lavoratore irregolare", autore
2014. Codice isbn 97888977764061
Lavorare in nero su Feltrinelli.it

Contrattualistica, Iemme Edizioni
"Locazioni di Opere d'arte in Svizzera", autore 2014. Codice isbn
9788897776420
https://www.bookrepublic.it/book/9788897776420-locazione-di-opere-darte-in-svizzera/

Contrattualistica, Iemme Edizioni
"L'arte condivisa, forme di commercializzazione delle opere d'arte diverse dalla compravendita", autore 2012 . Codice isbn 9788897776031
http://www.lafeltrinelli.it/libri/roberto-colantonio/l-arte-condivisa%C2%ADart-sharing/9788897776031

Fiscalità, Iemme Edizioni
"Il Sole a Lugano, come e perché aprire un conto in Svizzera", autore. 2011.
Codice isbn 9788897776000
I° edizione: "aggiornata al decreto Salva Italia convertito in legge"
II° edizione: "Dopo Cipro salvarsi dai prelievi forzosi"
http://www.lafeltrinelli.it/libri/roberto-colantonio/sole-a-lugano-come-e/9788897776000

Tutti i libri dell'avv. Roberto Colantonio sono acquistabili presso gli store Feltrinelli e le librerie Esselibri – Simone Libri.

Roberto Colantonio

Oppure ordinabili online su
http://www.feltrinelli.it
http://www.amazon.it
http://www.ibs.it
per la versione ebook:
http://www.bookrepublic.it